# Inhalt

## Ende des Höhenflugs – die BRIC-Staaten offenbaren Schwächen

Kernthesen

Beitrag

Fallbeispiele

Weiterführende Literatur

Impressum

# Ende des Höhenflugs - die BRIC-Staaten offenbaren Schwächen

*Robert Reuter*

## Kernthesen

- Brasilien, Russland, Indien und China (bekannt als BRIC) haben die Weltwirtschaft gut zehn Jahre lang mit hohen Wachstumszahlen erstaunt.
- Derzeit mehren sich jedoch die Anzeichen, dass der Höhenflug zu Ende geht.
- Sichtbar werden nun vielzählige Baustellen, die vom bisherigen Hype kaschiert wurden. Die vier Emerging Markets leiden unter überbewerteten Währungen, schlechter Verkehrsinfrastruktur sowie insbesondere unter Korruption und Bürokratie.

# Beitrag

# BRIC - das Kürzel einer Erfolgsgeschichte

Brasilien, Russland, Indien und China treiben seit nunmehr zehn Jahren durch überdurchschnittliches Wirtschaftswachstum die Weltkonjunktur an. Das Kürzel BRIC steht damit für eine Erfolgsgeschichte - von der gleichzeitig viele andere Volkswirtschaften profitieren. So hat die exportstarke deutsche Wirtschaft insbesondere in China einen prosperierenden Absatzmarkt gefunden, der Bestell-Rückgänge aus den USA und Europa mehr als kompensiert. Ausgedacht hat sich das Kürzel mit der großen Ausstrahlung einst der Chefvolkswirt der Investmentbank Goldman Sachs. Der Begriff verzaubert seitdem Investoren, Anleger und Exporteure gleichermaßen. BRIC steht für riesige, aufstrebende Märkte und für Investments mit Traumrenditen. Fast die Hälfte des globalen Wachstums der vergangenen Dekade geht auf das Konto dieser vier Schwellenländer, die in vielen Bereichen mittlerweile gar nicht mehr aufholen müssen, sondern zu Marktführern geworden sind.

Gleichwohl mehren sich derzeit die Zeichen, dass

auch die so viel gefeierten BRIC-Staaten auf eine Wachstumspause zusteuern. Pessimisten sehen gar das Ende des Wirtschaftswunders in den vier Ländern gekommen. Man stellt sich nun die Frage, ob die Emerging Markets ihre Rolle als Lokomotive der Weltkonjunktur zukünftig weiterspielen können. So attestiert die Deutsche Bank sowohl den BRIC-Ökonomien als auch ihren Banksystemen strukturelle Schwächen. Andere Analysten bemängeln in allen vier Ländern einen gewaltigen Reformstau, der von den bisherigen Wachstumszahlen verdeckt worden ist. (1), (6)

## Das Wachstum verlangsamt sich

Zweistellige Wachstumsraten waren in den BRIC-Staaten bisher eher die Regel als die Ausnahme. Die Befürchtung, dass ein Ende des Booms bevorstehen könnte, wird darum insbesondere durch die in allen vier Staaten zu beobachtende Wachstumsverlangsamung genährt. So legte Brasilien zuletzt nur noch um 2,7 Prozent zu, Russland kämpft um die Vier-Prozent-Marke, Indien liegt noch um sechs Prozent im Plus, und sogar in China stottert die Konjunktur. Hier wird für 2012 ein Wachstum von nur noch acht Prozent erwartet, die zudem unbedingt erreicht werden müssen, um den Arbeitsmarkt im Gleichgewicht zu halten. Gleichzeitig treten weitere Probleme in den Vordergrund, die vom bisherigen Hype überdeckt wurden. Die vier BRIC-Staaten kämpfen mal mit einer überbewerteten Währung, mal mit Inflation, mit steigenden Lohnkosten, Immobilienblasen sowie ausufernder Bürokratie und Korruption. (1)

## China: Experten prophezeien harte Landung

Der Superstar unter den vier BRIC-Staaten ist China, das aber infolge seines rasanten Wirtschaftswachstums nun ein Rohstoffproblem bekommt. Noch Mitte der 90er-Jahre kam China weitgehend mit eigenen Bodenschätzen aus, ist heute aber auf gigantische Importe angewiesen. Bei Kupfer, Blei und Kohle kauft China bereits zwischen 30 und 60 Prozent der Weltproduktion auf. Da auch andere Staaten - etwa die Bundesrepublik - die Rohstoffproblematik erkannt und darum bereits bilaterale Lieferabkommen geschlossen haben, hat China für weitere Importsteigerungen kaum noch Luft nach oben. Sogar im Lande selbst wird darum längst nicht mehr darum gestritten, ob eine Wachstumsverlangsamung bevorsteht - dass sie kommt, steht fest.

Weltweit stellen sich Volkswirte nun die Frage, wie

hart die Landung Chinas ausfallen wird. Die Meinungen gehen auseinander. Während manche Experten einen kontrollierten Abschwung voraussehen, glauben andere, wie der oberste Emerging-Markets-Stratege von JP Morgan, Adrian Mowat, dass sich das Land bereits mitten im Hard Landing befindet. Besonders deutlich wird dies am aufgeblähten Immobiliensektor. Viele der überall aus dem Boden geschossenen Apartmentblöcke stehen leer. Der Bauboom gilt als eine der wichtigsten Triebfedern des chinesischen Wirtschaftswunders, fällt als bestimmender Faktor aber langsam weg. Chinas Wirtschaftswachstum scheint damit nicht nachhaltig, denn auch insgesamt sind die das Wachstum bisher befeuernden Elemente ausgereizt. Manche Experten prophezeien China im nächsten Jahrzehnt nur noch ein jährliches Wirtschaftswachstum von 3,5 Prozent. Chinesische Wirtschaftsexperten gehen davon aus, dass für je 0,1 Prozentpunkte unter der Acht-Prozent-Marke bis zu zwei Millionen Jobs verlorengehen. Bei einem Wachstum von nur noch 3,5 Prozent würden damit jährlich 90 Millionen Arbeitsplätze wegfallen.

Auch die Weltbank sieht dringenden Handlungsbedarf in China und empfiehlt, zunächst den künstlich niedrig gehaltenen Zins zu liberalisieren. Zudem müsse der Wechselkurs der Landeswährung Renminbi flexibilisiert und die Macht der Staatsbanken und -unternehmen beschnitten werden. Um solche Reformen in Angriff zu nehmen, wäre allerdings eine freie und an den Bedürfnissen der Realwirtschaft orientierte Politik nötig. Genau diese trauen Kenner dem Reich der Mitte jedoch nicht zu, da der gesamte Apparat aus Politik und Verwaltung als von Korruption und Partikularinteressen unterhöhlt gilt. Gleichzeitig mehren sich die Anzeichen dafür, dass Chinas bisher ungebremstes Wachstum tatsächlich zu Ende geht: Im Februar musste das Land erstmals seit 20 Jahren ein Außenhandelsdefizit melden. (1), (4)

## Russland: fatale Abhängigkeit von Rohstoffexporten

Bürokratie und Korruption sind auch ein Hauptproblem im Reich Wladimir Putins. Die Weltbank sieht Russland sogar als das Land der G8, in dem Unternehmern das Leben - durch staatliche Restriktionen oder die Einforderung von Schmiergeld - am schwersten gemacht wird. Diese Missstände konnten bisher ignoriert werden, weil die Wachstumszahlen trotzdem gut ausfielen. Bis zur ersten Welle der Wirtschafts- und Finanzkrise kam Russland auf ein Wachstum von sieben bis acht Prozent, die insbesondere durch den Export von Rohstoffen erzielt wurden. Derzeit wächst die russische Wirtschaft nur noch um drei bis vier Prozent, was deutlich zeigt, dass der bloße Verkauf von Rohstoffen auf Dauer kein nachhaltiges Geschäftsmodell darstellt. Die Einnahmen aus dem Gas- und Ölgeschäft decken derzeit 60 Prozent des Staatsbudgets und bedeuten damit eine ungesunde Abhängigkeit.

Fraglich ist überdies, wie sich Russlands Beitritt zur Welthandelsorganisation WTO auswirken wird. Zwar wurden in einem 18 Jahre währenden Verhandlungsmarathon Übergangsfristen zum Schutz der russischen Wirtschaft ausgehandelt. Dennoch wird der russische Markt hiernach mit Liberalisierungen konfrontiert, die manchen heimischen Hersteller vor große Probleme stellen werden. (1), (2)

# Indien: auf den Spuren Griechenlands

Nach Griechenland und Spanien ist derzeit Indien der nächste Kandidat für eine Quasi-Staatspleite. Die Kreditwürdigkeit des Landes liegt nur noch eine Stufe über Ramschstatus, das Haushaltsdefizit betrug im Fiskaljahr 2011/2012 5,9 Prozent. Der Grund für das Minus ist die indische Subventionitis: Bezuschusst werden unter anderem Nahrung, Benzin und Dünger, um so die Preise für die Bevölkerung künstlich niedrig zu halten. Diese Praxis zeigt, wie wenig das Wirtschaftswachstum der letzten zehn Jahre bei der normalen Bevölkerung angekommen ist. Zugleich leidet Indien, wie Russland und China, unter einem alle Bereiche betreffenden Reformstau. Zu nennen sind die übermächtige Bürokratie, marode Verkehrswege, unvorhergesehene Stromausfälle und mangelhafte Rechtssicherheit. (3)

## Brasilien: niedrige Produktivität und Protektionismus

Nach der jahrelangen Aufwertung seiner heimischen Währung Real hat Brasilien nach Expertenmeinung die am meisten überbewertete Währung der Welt. Seit 2002 hat sich der Wert der Landeswährung zum Dollar verdoppelt. Dadurch kann das Land billig importieren, hat seine Exporte aber gleichzeitig stark verteuert. Dies hat höchst negative Effekte auf die heimische produzierende Wirtschaft, die ihre Produkte im Ausland kaum noch verkaufen kann. Seit zwei Jahren stagniert darum die Produktion, für 2012 wird sogar ein Minus von zwei Prozent erwartet. Auf diese Weise ist Brasilien in immer stärkere Abhängigkeit vom Rohstoffexport geraten. Da die Preise für Eisenerz, Soja oder Zucker zudem stark schwanken, wirkt sich jede Preisflaute direkt auf den

Ausfuhrsaldo aus.

Um den Preisvorteil der nach Brasilien exportierenden ausländischen Unternehmen zu nivellieren, setzt die Regierung ungeniert auf Protektion. So wurden die Zölle auf importierte Autos und Lkw erhöht. Öffentliche Aufträge, etwa für die Olympischen Spiele 2016 in Rio, sollen bevorzugt an heimische Firmen vergeben werden - selbst wenn deren Gebote 25 Prozent höher liegen als die der ausländischen Konkurrenz. Zugleich wurden die Steuern für die eigene Textil- und Möbelindustrie gesenkt. Ein weiteres Problemfeld Brasiliens ist die marode Verkehrsinfrastruktur. Die Straßen sind von Schlaglöchern übersät, Häfen und Flughäfen sind überfüllt, das Eisenbahnnetz ist dünn. (1)

# Trends

## Die Next Eleven sind im Kommen

Als Next Eleven werden die elf Staaten bezeichnet, denen man einen ähnlichen Wachstumsschub wie den BRIC-Staaten vor zehn Jahren zutraut. Diese Staaten geraten derzeit immer stärker in den Fokus der Investoren und könnten darum irgendwann in die Fußstapfen der heutigen Emerging Markets treten.

Diese Länder sind Bangladesch, Ägypten, Indonesien, Iran, Südkorea, Mexiko, Nigeria, Pakistan, die Philippinen, Türkei und Vietnam. (5)

# Fallbeispiele

## Bedrohliche Lage an den Börsen

Die Lage der Börsen in den BRIC-Staaten bleibt vorerst brisant. Hedge-Fonds-Manager und institutionelle Investoren in Europa, Asien und den USA bewerten die Aussichten fast ausnahmslos als negativ. Allein in den ersten beiden Maiwochen stürzte der Dow-Jones-BRIC-50-Index um mehr als zehn Prozent in die Tiefe. Seit Anfang März summieren sich die Kursverluste damit auf gut 20 Prozent. Die Baisse gilt als Reaktion der Anleger auf die sich abschwächenden Wachstumszahlen in den BRIC-Staaten. Die meisten Aktienanalysten haben ihre Gewinnschätzungen für BRIC-Unternehmen deutlich zurückgefahren. (7)

# Weiterführende Literatur

(1) Ende einer Ära Bric-Staaten. Brasilien, Russland, Indien, China: Über ein Jahrzehnt haben die vier

Boomländer die Weltwirtschaft angetrieben, ihr Wachstum schien grenzenlos. Nun aber erlahmt die Dynamik, lange verdeckte Defizite treten zutage. Und die Politik erweist sich als reformunfähig
aus Capital vom 16.05.2012, Seite 116-122

(2) Russlands Wirtschaft ist in guter Verfassung
aus Finanz und Wirtschaft vom 18.04.2012, Seite 29

(3) Indiens Pessimismus verhüllt den Aufschwung
aus Finanz und Wirtschaft vom 18.04.2012, Seite 29

(4) China. Fehlstart im Jahr des Drachen?
aus Finanz und Wirtschaft vom 18.04.2012, Seite 29

(5) Chancen und Herausforderungen für die "Next Eleven"
aus AssCompact Nr. 06 vom 04.06.2012 Seite 56

(6) Der Welthandel wächst 2012 nur mäßig
aus Frankfurter Allgemeine Zeitung, 13.04.2012, Nr. 87, S. 13

(7) Emerging Markets Gesamttitel: Bedrohliche Situation
aus Focus Money, 30.05.2012; Ausgabe: 23; Seite: 56-58

# Impressum

## Ende des Höhenflugs - die BRIC-Staaten offenbaren Schwächen

**Bibliografische Information der deutschen Nationalbibliothek**

Die Deutsche Nationalbibliothek verzeichnet diese Publikation in der deutschen Nationalbibliografie; detaillierte bibliografische Daten sind im Internet über http://dnb.d-nb.de abrufbar.

ISBN: 978-3-7379-1690-5

© 2015 GBI-Genios Deutsche Wirtschaftsdatenbank GmbH, Freischützstraße 96, 81927 München, www.genios.de

Alle Rechte vorbehalten. Dieses Werk ist einschließlich aller seiner Teile – z.B. Texte, Tabellen und Grafiken - urheberrechtlich geschützt. Jede Verwertung außerhalb der Grenzen des Urheberrechtsgesetzes bedarf der vorherigen Zustimmung des Verlags. Dies gilt insbesondere auch für auszugsweise Nachdrucke, fotomechanische Vervielfältigungen (Fotokopie/Mikroskopie), Übersetzungen, Auswertungen durch Datenbanken oder ähnliche Einrichtungen und die Einspeicherung und Verarbeitung in elektronischen Systemen.